AF265628

PLAQUE DE RELIURE

AUX ARMES

DE JEAN VINCENT, BARON D'AUTRY,

SEIGNEUR DE GÉNICOURT,

Datée de 1610,

PAR M. LÉON GERMAIN,

Inspecteur de la Société Française d'Archéologie,
Bibliothécaire-Archiviste de la Société d'Archéologie Lorraine,
Membre de l'Académie de Stanislas,
Membre titulaire de la Société des Lettres, Sciences et Arts de Bar-le-Duc.

NANCY

SIDOT, FRÈRES, LIBRAIRES-ÉDITEURS

3, Rue Raugraff, 3

—

1891

MESSIRE · IEAN DAVLTRY · CHLR BARON · DAVLTRY · SR · DE · GENI BEZ · LEVIGNAN COVRT · &c · 1610

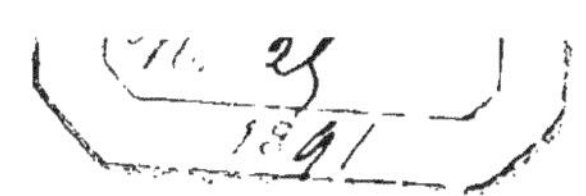

PLAQUE DE RELIURE

AUX ARMES

DE JEAN VINCENT, Baron d'Autry,

Seigneur de Génicourt,

Datée de 1610,

PAR M. LÉON GERMAIN,

Inspecteur de la Société Française d'Archéologie,
Bibliothécaire-Archiviste de la Société d'Archéologie Lorraine,
Membre de l'Académie de Stanislas,
Membre titulaire de la Société des Lettres, Sciences et Arts de Bar-le-Duc.

———

La belle et curieuse plaque de reliure que nous allons étudier, restée inconnue de M. Guigard (1), existe sur un volume acquis récemment par notre confrère M. le baron de Braux (2). En y lisant le nom d'AVLTRY, en y voyant l'écu particulier porter un simple *sautoir* et brocher sur un *écartelé* qui semble offrir les armoiries de quatre illustres maisons bien connues, — Haraucourt, Anglure, Du Châtelet et Stainville, — on croirait avoir affaire au descendant d'une très noble et ancienne famille de la chevalerie champenoise. Il n'en est rien : *messire Jean baron d'Aultry* avait pour père *Jean* VINCENT, de Longeville-devant-Bar, anobli par le duc de Lorraine en 1561, et dont le blason était bien différent.

(1) Joannis Guigard, *Armorial du bibliophile*, Paris, 1870-1873. Une seconde édition, très amplifiée, de cet ouvrage a paru récemment; la plaque en question n'y figure pas davantage.

(2) *Homeri | Odyssea | cum interpretatione Lat. ad verbum . . . ab Henrico Stephano.* Parisiis | apud Sebastianum Cramoisy, via | Iacobæa sub Ciconijs M. DC. XXIV. — (Commun. de M. le baron de Braux. Ce volume lui a été donné par M. l'abbé Clément, curé de Corniéville.)

Ce fait donne au présent document héraldique un intérêt singulier, et certaines circonstances laissent à penser que la date en a été intentionnellement faussée pour le rendre un peu plus ancien d'apparence; aussi avons-nous accepté la mission de le publier, bien que nos recherches ne nous aient point fourni des résultats tout à fait complets.

I.

Le dessin très exactement fait qui est joint à cet article(1) nous dispense d'une description minutieuse.

De forme ovale, mesurant 0,093 de haut sur 0,071 de large, le fer offre un écu écartelé de quatre armoiries différentes, qui, comme nous l'avons dit précédemment, paraissent désigner les maisons de Haraucourt(2), d'Anglure(3), du Châtelet(4) et de Stainville(5); la seule particularité à noter est que les grillets des d'Anglure sont soutenus par des pièces en formes de V, rappelant les ANGLES *parlants*, antérieurs aux croissants, de cette célèbre famille(6). Sur *le tout* est un écusson, fort petit, chargé d'un *sautoir*; on verra qu'il convient de le blasonner : *De gueules, au sautoir d'or*.

Le cimier se compose d'un griffon, issant d'un armet grillé, posé de trois-quarts et garni de lambrequins. Deux sauvages poilus, portant une massue sur l'épaule et ayant pour tout vêtement une ceinture formée de feuilles et d'une corde, sont les tenants de l'écu, à l'entour duquel on voit le collier de l'ordre

(1) Cette reproduction est très exacte pour le dessin proprement dit, mais son auteur ne s'est pas astreint à distribuer la lumière et l'ombre tout à fait comme il l'eût fallu pour figurer la dorure et les vides du fer de reliure.

(2) *D'or, à la croix de gueules, au franc quartier d'argent chargé d'un lion de sable...*

(3) *D'or, semé de grillets d'argent soutenus de croissants* (anc. *d'angles*) *de gueules.*

(4) *D'or, à la bande de gueules, chargée de trois fleurs de lis d'argent.*

(5) *D'or, à la croix ancrée de gueules.*

(6) V. l'excellent article de Vallet de Viriville : *Les Saladins d'Anglure. Légende historique*, dans la *Revue nobil.* de 1866 (t. IV), p. 410.

de Saint-Michel. Enfin, tout au bas, une banderole présente, sur trois lignes, l'inscription suivante :

MESSIRE · IEAN DAVLTRY · CHLR [1]

· BARON · DAVLTRY [2] BEZ [3] · LEVIGNAN [4]

· S[R]. DE · GENI COVRT [5] · &c · **1610**

On verra qu'il est permis de suspecter l'exactitude de cette date.

II.

Si l'on consulte le travail publié par feu le comte E. de Barthélemy sous ce titre *Sommaires du procès-verbal de la Recherche de la noblesse de Champagne fait par Monseigneur de Caumartin* (6), on y trouve (p. 20) l'article suivant :

« D'Autry.

« 1. Jean-Vincent, sieur d'Autry, Doncourt (7), Condé (8), etc., maître des requêtes en 1597. La terre d'Autry fut érigée, en 1613, en baronnie pour son fils, chevalier de l'ordre, gentilhomme de la chambre et maître des requêtes, puis conseiller d'Etat en 1623.

« *Alliances :* de l'Escamoussier, de l'Hostel, de Haraucourt, de Merlin, d'Averhoult, de Brouilly, de Savigny-d'Anglure.

« De gueules au sautoir d'or. »

Vincent n'était point un prénom, mais bien le nom de famille, comme en témoigne le *Nobiliaire* de dom Pelletier. « Jean

(1) Chevalier.
(2) Autry, canton de Monthois, arr. de Vouziers, Ardennes.
(3) Betz, chef-lieu de canton, arrond. de Senlis, Oise.
(4) Levignen, canton de Betz, Oise.
(5) Génicourt-sous-Condé, canton de Vavincourt, Meuse.
(6) E. de Barthélemy, *Sommaires du procès-verbal...*; Paris, 1867.
(7) Doncourt-aux-Templiers (?), canton de *Fresnes-en-Woëvre,* Meuse.
(8) Condé-lès-Autry, canton de Monthois, Ardennes.

Vincent, dit-il, natif de Longeville devant Bar, sommelier d'échansonnerie du grand duc Charles, fut annobli par lettres de ce prince, données à Nancy le 21 janvier 1561 (1). *Porte d'or, à deux mufles de léopard de gueules, allumés d'argent, un en chef et l'autre en pointe, flanché d'azur à deux besans d'argent* (2) ; et pour cimier *un mufle de l'écu entre deux ailes dragonnées et lambrequinées aux métaux et couleurs dudit écu. Fol. 8, vers. régist. 1562 et 1563* (3). »

Ce Jean Vincent, ajoute dom Pelletier, « fut seigneur de Génicourt, Aultry, Doncourt, Condé, Onchéry (4), Gran-Han (5), etc., et la tige de deux familles qui quittèrent, presque en naissant, leur premier nom pour prendre, l'une celui de Génicourt, et l'autre celui d'Aultry. Il fut sucessivement auditeur en la chambre des comptes de Bar, trésorier-général des finances par lettres du 7 septembre 1584; et enfin président de ladite chambre par autres lettres expédiées le 13 janvier 1596... Il mourut sur la fin de 1608, ou vers le commencement de 1609... Il avoit épousé Alix Lescamoussier... qui étoit fille de Jean Lescamoussier et de Pietrequine de Lhostel (6). De leur mariage sortirent (7) :

(1) Son frère, Nicolas Vincent, fut aussi anobli en 1575. (Dom Pelletier, *Nobiliaire*, p. 824.)

(2) La gravure est conforme à l'observation faite par l'auteur en plusieurs endroits de ses *errata*, à savoir qu'il faut prendre l'expression *flanché* dans le sens de *écartelé en sautoir*. Aussi ces armoiries sont-elles ainsi décrites dans le *Dom Pelletier annoté*, à l'article Monthairon : « *Ecartelé en sautoir, d'or à une tête de léopard de gueules, et d'azur à un besan d'argent.* » Dans la *Maison des Salles* (p. 43), Hugo les donne également ainsi : « *D'or, à deux mufles de Léopard de gueule, l'un en chef et l'autre en pointe, écartelé en sautoir d'azur à un bezan d'argent.* »

(3) Dom Pelletier, *l. c.*, p. 823.

(4) Ailleurs *Aulchery;* cette localité nous est inconnue.

(5) Grand-Ham, canton de Grand-Pré, arrondissement de Vouziers, Ardennes.

(6) Cf. dom Pelletier, art. *Leger,* p. 464; il ne parle pas de cette alliance à l'art. *Lescamoussier.* La famille de L'Hostel figure parmi les *Ecuyers* du Barrois dans la *Recherche* de Richier; c'est d'elle, sans doute, que la seigneurie de Doncourt arriva aux Vincent.

(7) Pour plus de commodité, nous avons disposé en alinéas l'énumération des enfants, ce que n'a pas fait dom Pelletier.

« 1° Jean , qui suit.

« 2° Barbe, femme de Noël de Lhostel (1), seigneur du
Jar (2), maire du village de Kœurs en Lorraine (3), puis capi-
taine-prévôt, gruyer et receveur de Bouconville (4).

« 3° Charles.

« 4° Anne de Génicourt, mariée à Nicolas de Haraucourt,
seigneur dudit lieu, bailli de Nancy et sénéchal de Lorraine,
duquel elle étoit veuve en 1623 (5).

« 5° Madelaine d'Aultry, femme de Pierre Bachellier (6), seigneur de Ménillet (7) ;

« Et deux autres qui furent prêtres. »

On voit que, jusqu'à ce moment, l'alliance d'Anne Vincent,
dite de Génicourt, est la seule qui soit faite avec une grande
famille; aussi est-ce l'écu de Haraucourt qui figure en premier
lieu de l'écartelé dans notre plaque de reliure.

Passons à ce que dom Pelletier dit du personnage que rap-
pelle cet objet :

« JEAN VINCENT, BARON D'AULTRY (8), par érection du mois
de février 1613, enregistrée au parlement et en la chambre
des comptes les 5 et 27 janvier 1624, conseiller et agent de

(1) Au lieu de *Noël de Lhostel*, il faut lire *Noël Lhoste*. (V. *Annuaire de la
Meuse*, 1844, p. 19.)

(2) Le Jard, écart de Kœur-la-Petite, canton de Pierrefitte, Meuse.

(3) Les Kœurs (Kœur-la-Grande et Kœur-la-Petite), canton de Pierrefitte,
Meuse.

(4) Canton de Saint-Mihiel, Meuse. Cf. Dumont, *Ruines*, t. II, p. 13.

(5) Cf. La Chesnaye-des-Bois, *Dictionn. de la Noblesse*, art. *Haraucourt*,
deg. xiv; il nomme bien « Anne VINCENT, fille de Jean, seigneur de Génicourt..., » etc. — « GÉNICOURT (Anne Vincent de), veuve de N... d'Haraucourt,
vend la moitié d'Einville en 1626. T. V, p. 343. » (Dufourny, table.)

(6) Sur cette famille rémoise, v. E. de Barthélemy, *l. c.*, p. 22.

(7) « Proche Beaumont-sur-Oise, » comme il est dit plus loin. Commune
de Méru (?), chef-lieu de canton, arrondissement de Beauvais, Oise.

(8) « GÉNICOURT (Jean-Vincent de), baron d'Aultry, beau-frère de MM. d'Anglure et de Stainville, reprend Tronville en fief en 1612. T. II, p. 177, 179,
184, 193; en 1626. » (Dufourny, table.) L'auteur de la table s'est trompé en
prenant *Vincent* pour un prénom, et *Génicourt* pour le nom de famille.

« AULTRY (Jean d'), baron dudit lieu, reprend Sallemagne, Contrisson, en
1626. T. II, p. 192 et suiv. » (Dufourny, table.)

Son Altesse en cour de France, fut fait auditeur des comptes de Bar, par lettres données audit Bar le 16 novembre 1587, puis lieutenant au bailliage de Bar par autres lettres données à Nancy le 21 septembre 1589, et résigna cette charge en 1598 à Claude le Marlorat; il fut ensuite pourvu de celle de secrétaire du roi le 25 janvier 1613, prêta serment le 8 du mois suivant, résigna au mois d'octobre 1633; et obtint des lettres d'honneur le 18 janvier 1634. Le roi l'avoit fait gentilhomme de sa chambre par lettres du 19 décembre 1623, et le même jour il avoit reçu le collier de l'ordre de Saint-Michel des mains du duc de Montbazon, nommé par Sa Majesté pour faire cette fonction; et enfin il fut fait conseiller d'état ordinaire le 21 novembre 1643. Il avoit épousé deux femmes : 1° par contrat du 14 janvier 1591, Claude Merlin, fille de Jean Merlin (1), seigneur de Géronville (2), président des comptes de Bar, et de Claude Godel *ou* Godet de Renneville (3), laquelle mourut le 12 juin 1625; et 2° par contrat du 22 avril 1627, Françoise de Malain, morte à Paris le 14 juillet 1661, enterrée en l'église parroissiale de Saint-André-des-Arcs, et fille d'Edme de Malain (4), baron de Lux (5), chevalier des ordres du roi, conseiller d'état, capitaine de cinquante hommes d'armes des ordonnances de Sa Majesté, maréchal de ses camps et armées, et lieutenant-général au gouvernement de Bourgogne et Bresse, et d'Angélique de Malain (6). »

Jean Vincent eut plusieurs enfants, dont il est utile de donner

---

(1) Famille originaire de Calabre, anoblie en Lorraine au xv° siècle. (Dom Pelletier, p. 568.)

(2) Dom Pelletier ne mentionne pas cette seigneurie. Peut-être *Gironville*, canton de Commercy.

(3) Dom Pelletier la nomme seulement *Claude Godel;* cf. art. *Godet*, p. 310. V. aussi Dumont, *Nobil. de Saint-Mihiel*, I, 285. Cette famille est déjà mentionnée dans la *Recherche* de Richier (vers 1581), v. le *Hérault d'armes* de Domin. Callot. — Renneville, canton de Chaumont-Porcien, arrondissement de Rethel, Ardennes.

(4) Sur ce personnage, v. les *Mém. de Bassompierre,* édit. du marquis de Chantérac, I, 312. Sur la famille, cf. Husson-l'Escossois, etc.

(5) Canton d'Is-sur-Tille, arrondissement de Dijon, Côte-d'Or.

(6) De la branche Malain-Misery; v. marquis de Chantérac, *l. c.*, p. 341.

la liste, à cause de certaines alliances rappelées par le comte de Barthélemy :

« Du premier lit :

« 1. Pomponne(1), baron d'Aultry, chevalier de l'ordre du roi, mort au service de Sa Majesté au camp devant la Rochelle.

« 2° Jean, prieur de Renel(2) et Nervis-Castel(3), mort en 1629.

« 3° Louise, femme de Charles d'Averhoult(4), seigneur de Lobbe(5), Maupertuy(6), Vallemont(7) et Haussonville(8).

« 4° Marie-Madelaine, mariée : 1° par contrat du 22 août 1623 à Henry des Salles(9), chevalier, baron des Vouthons(10), colonel d'un régiment d'infanterie(11); et 2° par contrat du 6 sep-

---

(1) Ce prénom était très rare, il est peut-être utile de rappeler l'existence de saint *Pompone* ou *Pompoine*, en latin *Pomponius*, dér. de Pompée. Cf. L. Larchey, *Dict. des noms*, p. 385, v° *Pompon*.

(2) Renel, localité à déterminer.

(3) Nervis-Castel, *idem*.

(4) Sur cette famille, v. E. de Barthélemy, *l. c.*, p. 21, et *Journal de la Soc. d'arch. lorr.*, 1888, p. 106-108.

(5) Ailleurs *La Lobbe*. Ce doit être *Lalobbe*, canton de Novian, arrondissement de Rethel, Ardennes.

(6) Mauperthuis? Seine-et-Marne, ou Maupertuis? Eure et Manche.

(7) Sans doute *Voillemont*, canton et arrondissement de Sainte-Ménehould, Marne.

(8) Haussonville(?), canton de Bayon, arrondissement de Lunéville, Meurthe.

(9) Cf. Hugo, *Maison des Salles*, p. 44. Il publie le contrat, en date du 22 août 1623, qui dénomme ainsi la mariée : « Demoiselle Marie-Madelaine d'Autry, fille de honoré seigneur messire Jean d'Autry, chevalier, baron dudit lieu, seigneur de Genicourt, Condé, Grand-Han, Ouchery, etc.; conseiller du Roy en ses Conseils d'Etat et privé, et d'honorée dame dame Claude de Merlin, ses père et mère, demeurant à Paris; assistée desdits seigneur et dame d'Autry, de messire Pompone d'Autry, chevalier de l'ordre du Roy, son frère... » Hugo ne fait pas d'observations touchant le nom d'Autry, mais ce sont les armes de Jean Vincent qu'il a fait reproduire.

(10) Les Vouthons (Vouthon-Haut et Vouthon-Bas), canton de Gondrecourt, Meuse. Cf. le travail de notre confrère M. H. Labourasse, *Vouthon-Haut et ses seigneurs*, dans les *Mém. de la Soc. des Lettres de Bar-le-Duc*, t. VIII, 1890; v. p. 357.

(11) Pour le service de Charles IV, duc de Lorraine (Hugo).

tembre 1643, à Pierre de Bachellier, chevalier, seigneur de Ménillet proche Beaumont-sur-Oise (1).

« Du second lit vinrent :

« 1. Charles, qui suit.

« 2. Christine d'Aultry, femme de François de Broüilly, marquis de Vartigny (2), vicomte de Villier (3), baron de Bazoches (4), etc., lieutenant-général des armées du roi, et au gouvernement de Champagne (5). »

C'est par le mariage du fils du second lit, devenu le chef de la famille, que paraît s'expliquer la présence des armes d'Anglure sur la plaque de reliure qui nous occupe. Voici comment dom Pelletier s'exprime sur son compte :

« CHARLES, comte D'AULTRY (6), vicomte de Levignen et de Betz, seigneur de Condé, Grand-Han, Onchery, la Marc-aux-Bœufs (7), épousa par contrat du 26 juin 1667, Louise-Marie d'Anglure-Savigny (8), baronne de Rosne (9), dame de Vauvincourt (10), Cernay (11), et en partie de Levoncourt (12), etc., et fille d'Antoine-Saladin d'Anglure du Bellay (13), chevalier, comte d'Estoges (14), marquis du Bellay, baron de Rosne, Vau-

---

(1) V. plus haut.

(2) Watigny (?), canton d'Hirson, arrondissement de Vervins, Aisne.

(3) Villier, localité à déterminer.

(4) Sans doute Bazoches, canton de Braine, arrondissement de Soissons, Aisne ; bureau de poste de Fismes, Marne.

(5) « AULTRY (Jean d')... — Sa fille Catherine, femme de François de Brouilly, marquis de Vatigny, en 1666. T. II, p. 212. » (Dufourny, table.)

(6) « AULTRY (Charles d'), chevalier, baron dudit lieu, fils de Jean d'Aultry, reprend Sallemagne en 1666. T. II, p. 212. » (Dufourny, table.)

(7) La Marc-aux-Bœufs, Marne.

(8) V. *Dict.* de Moréri, art. *Anglure*, br. d'Estoges, deg. xiv : « 4° Louise-Marie, alliée à Charles de Genicourt, comte d'Autry, morte en août 1676. »

(9) Rosne, canton de Vavincourt, Meuse.

(10) Vavincourt, chef-lieu de canton, arrondissement de Bar-le-Duc, Meuse.

(11) Cernay-en-Dormois (?), canton de Ville-sur-Tourbe, arrondissement de Sainte-Ménehould, Marne.

(12) Canton de Pierrefitte, Meuse.

(13) Bellay, localité à déterminer.

(14) Etoges, canton de Montmort, arrondissement d'Epernay, Marne.

vincourt et Cernay, seigneur de Tonnoy(1) Veel(2), etc., et de
Louise-Angélique de Braux(3), baronne d'Anglure(4), dame
de Mery-sur-Marne(5), Bellay, etc. »

Dom Pelletier ajoute que Charles d'Aultry eut plusieurs
enfants, mais il ne désigne que l'un d'eux, savoir :

« MARC-ANTOINE D'AULTRY, comte d'Aultry, né le 9 février
1669, baptisé en l'église parroissiale de Saint-Sulpice à Paris,
et reçu page du roi en sa grande écurie en 1687, fut depuis capitaine de dragons; et mourut, selon quelques-uns, en 1695. »

Cette généalogie établie, revenons à notre plaque de reliure.

III.

Par les faits exposés au paragraphe précédent, il semble que
la date 1610, mise dans l'inscription rapportée plus haut, ait été
reculée à dessein. En effet, la terre d'Autry ne fut érigée en
baronnie qu'en 1613; son possesseur ne reçut l'ordre de Saint-
Michel qu'en 1623, et la présence des armes d'Anglure se
justifierait par une alliance qui remonte seulement à 1667 (6).

Comment, en outre, interpréter les deux autres *quartiers*? Ces
armoiries n'appartiennent, que nous sachions, à aucune des familles nommées dans cette généalogie (7). Se réfèrent-elles à des

(1) Serait-ce Tonnoy, canton de Saint-Nicolas, Meurthe, ou Tannois, canton
de Ligny, Meuse?

(2) Véel(?), canton de Bar-le-Duc, Meuse, ou Velle-sur-Moselle (?), Meurthe.

(3) Sur cette famille, v. E. de Barthélemy, *l. c.*, p. 41, et dom Pelletier,
p. 84. Elle est différente de la famille de Piat de Braux.

(4) Anglure, chef-lieu de canton, arrondissement d'Epernay, Marne.

(5) Méry-et-Prémecy, canton de Ville-en-Tardenois, arrondissement de
Reims, Marne.

(6) On verra plus loin que le quartier d'Anglure ne se rapporte pas à cette
alliance. La date de la plaque ne doit pas être descendue jusque-là.

(7) Lescamoussier (de Sorbey?) : *De gueules, au croissant d'argent surmonté
d'une étoile d'or.* — Lescamoussier de Tonnoy : *D'azur au chevron d'argent,
accompagné en chef de deux roses d'or, et en pointe d'une étoile de même.*

L'Hostel : *De sinople, au chevron d'argent, accompagné en chef de deux
étoiles d'or.*

Merlin : *D'azur, à trois voiles de navire éployées d'or.*

alliances restées inconnues de dom Pelletier; ou bien, en changeant son nom et ses armes, la famille Vincent chercha-t-elle à se donner une origine et des alliances anciennes contraires à la réalité? Quoi qu'il en soit, les maisons lorraines les plus connues qui aient porté de telles armoiries sont, comme nous l'avons dit, celles du Châtelet et de Stainville; et, précisément, la seule alliance entre ces deux familles dont parle dom Calmet date de la fin du XVIe siècle.

Françoise du Châtelet, dit-il, fille de Renaud du Châtelet, seigneur de Maxel sur Vraye (1), et de Marie de Fresneau (2), « fut mariée à Charles de Stainville (3), seigneur de Couvonges (4), avec lequel elle vivoit le 19 may 1579... (5). »

Cependant, dans l'hypothèse où les deux derniers quartiers se rapporteraient à l'alliance précédente, celui qui offre la croix ancrée devrait se trouver à la dextre de l'autre. Il y a lieu aussi de noter que la famille de Damas, connue en Champagne, portait : *D'or, à la croix ancrée de gueules* (6).

Le style de la plaque de reliure dispose à la croire postérieure à la date y inscrite : l'année 1610 est celle de la mort du roi Henri IV, c'est-à-dire l'époque précise que l'on s'est

Averhoult : *Fascé d'or et d'azur de six pièces, au franc quartier d'hermine* (Caumartin).

Brouilly : *D'argent, au lion de sinople, armé, lampassé et couronné d'or.* Picardie (Grandmaison).

Lhoste : *D'or, au chevron endenté de gueules, accompagné de trois croix pattées d'azur.*

Bachellier : *D'azur, à la croix dentelée d'or, cantonnée de quatre paons rouans, affrontés, d'argent.*

Malain : *Parti, d'azur, au sauvage bâtonné d'or, et d'argent, au lion de gueules.*

Des Salles : *D'argent, à la tour donjonnée de sable, maçonnée d'argent et terrassée de sinople.*

(1) Maxey-sur-Vaise (?), canton de Vaucouleurs, Meuse.

(2) Maison originaire d'Anjou. Cf. Husson-l'Escossois, etc.

(3) Canton d'Ancerville, Meuse. Sur cette famille, v. Husson-l'Escossois, Cayon, La Chesnaye-des-Bois, etc.

(4) Couvonges, canton de Revigny, Meuse.

(5) Dom Calmet, *Hist. généal. de la maison du Châtelet*, p. 186. Il est question d'eux dans l'histoire de Sorcy. (Dumont, *Ruines*, IV, 159.)

(6) E. de Barthélemy, *l. c.*, p. 62. Cf. le *Dict.* de Moréri, Cayon, etc.

décidé à regarder comme la fin de la Renaissance et le commencement des temps modernes. Or, notre plaque n'a rien de l'originalité, de la structure individuelle, de la svelte élégance que présentent généralement les œuvres de la Renaissance ; le graveur a développé son dessin avec une symétrie, un ordre parfait, un calme quelque peu froid et solennel, qui indiqueraient plutôt, à notre avis, le *grand siècle* et l'approche du règne de Louis XIV.

Néanmoins, nous hésitons à formuler une affirmation, ne connaissant point le nom de l'artiste, ni les prétentions exactes de la famille Vincent à partir de son installation en Champagne. Il se pourrait que les alliances par lesquelles elle se rattachait, authentiquement ou non, aux maisons chevaleresques rappelées par ses écartelures soient antérieures à 1610, et que, dès cette époque, le fils de l'anobli lorrain se soit paré du titre de baron d'Autry, régularisé seulement trois ans plus tard. Ici la question nous échappe ; c'est à nos confrères de Champagne qu'il convient de la reprendre et de la résoudre. Mais, il reste ce fait : que la nomination de chevalier de Saint-Michel date de 1623, et non d'avant 1610 (1).

IV.

Tout ce qui précède était rédigé lorsque nous avons eu l'heureuse curiosité de rechercher dans l'inventaire Dufourny, les analyses des actes dont les indications portées à la « Table des noms de personnes » ont été reproduites, plus haut, en note.

Celui qui nous reporte au plus haut est la copie notariée, faite en 1626, d'un bail, de l'année 1608, passé par « Jean Vincent, écuier, sieur de Génicourt (2). » Il est bien singulier que ce personnage, anobli en 1561, ait osé prendre la qualité

(1) On est d'autant plus porté à croire à la confection du fer tout de suite après cette nomination de 1623, que le volume auquel nous le trouvons appliqué date, comme on l'a vu, de 1624.

(2) Dufourny, II, 194 : lay. *Bar, fiefs et dénombrements.*

d'écuyer, laquelle en Lorraine, à cette époque, appartenait de
droit seulement au descendant au quatrième degré d'un anobli (1). Il est probable que la même rigueur n'existait pas dans
le duché de Bar, où les anoblissements utérins avaient amené
des coutumes différentes et de nombreuses tolérances. Les
autres actes se rapportent au fils de l'anobli, c'est-à-dire au
titulaire de notre plaque de reliure.

1. « Autre (dénombrement) donné par Jean Vincent de Génicourt, baron d'Aulloy (2), seigneur dudit Génicourt, Doncourt, Condé, Grandhan, Aulchery (3), conseiller du Roy,
maître des requestes ordinaires de son hôtel, au duc Henry de
Lorraine, à cause de son châtel et châtellenie de Bar, de ce
qu'il tient au village de Tronville (4); requiert Nicolas de Haraucourt, seigneur dudit lieu, François Danglure, seigneur de
Guyonville (5), Bennoncourt (6) et Rosoy (7), et René de
Stainville, seigneur de Monstoy (8), de Sorcis (9) et Saint-
Martin (10) en partie, ses beaux-frères, de signer et d'apposer
leur (sic) sceaux avec luy. Le vingt-sixième jour de juillet
1612. — Signé : de Génicourt Daultoy (11)... (12). »

2. Dénombrement fourni dans les mêmes conditions et avec
les mêmes cautions, le 13 mai 1613, de ce que le même tient
au village de Génicourt, « par donation à luy faite par le sieur

(1) H. Lepage et L. Germain, *Complément au nobiliaire de dom Pelletier*,
p. 66-67.

(2) *Sic*, pour *Aultry*.

(3) Ou *Onchéry*, comme plus haut.

(4) Tronville (1), canton de Ligny, arrondissement de Bar-le-Duc, Meuse.

(5) Guyonvelle, canton de La Ferté-sur-Amance, arrondissement de Langres, Haute-Marne.

(6) Bennoncourt, localité à déterminer; serait-ce Bannoncourt, canton de
Pierrefitte, arrondissement de Commercy, Meuse?

(7) Rosoy : il existe plusieurs localités de ce nom, dont trois dans le département de l'Aisne.

(8) Montoy, ancien canton de Pange, arrondissement de Metz, Moselle, ou
plutôt Monthois, chef-lieu de canton, arrondissement de Vouziers, Ardennes.

(9) Sorcy, canton de Void, arrondissement de Commercy, Meuse.

(10) Hameau dépendant de la commune de Sorcy.

(11) *Sic*, pour d'*Aultry*.

(12) Dufourny, II, 177 : *Bar, fiefs*, n° 25.

de Génicourt, écuier, seigneur desdits lieux, conseiller d'état dudit duc et président du Barrois, son père (1). »

.. 3. Dénombrement fourni, en 1626, par « Jean Daultry, chevallier de l'ordre du Roy, conseiller en ses conseils d'état et privé, gentilhomme ordinaire de sa chambre, baron Dautry, seigneur de Génicourt, Condé, Grandhan, Onchery, Cheû (2), Villers (3), Mellers (4) et le Vieux Champ (5), demeurant à Paris, » pour ce qu'il tient aux villages de Sallemagne (6), de Revigny (7) et de Contrisson (8). Il requiert René de Stainville, seigneur de Sorcy, Henry des Salles, chevalier, baron des Salles (9) et Pomponne Daultrey (10), chevalier de l'ordre du Roy, de signer et d'apposer leurs sceaux (11). »

Outre ce qu'ils nous apprennent sur les qualités et les propriétés du personnage dont nous nous occupons, ces actes nous font saisir sur le vif la curieuse transformation de ses noms. Dans les premiers, il porte encore son nom patronymique, mais en y joignant celui de Génicourt, de manière qu'on pourrait le prendre pour un prénom; dans le dernier, il ne s'appelle plus que « *Jean d'Aultry.* » On y voit aussi que, conformément à nos prévisions, il se parait, dès 1612, de la qualité de *baron* d'Autry, bien que l'érection régulière ait eu lieu seulement en 1613.

Mais ce que ces analyses renferment de plus intéressant, ce sont les noms de Nicolas de *Haraucourt*, de François d'*Anglure*, seigneur de Guyonvelle, et de René de *Stainville*, seigneur de Sorcy, BEAUX-FRÈRES du baron d'Autry, car ce fait doit

---

(1) Dufourny, II, 179 : *Bar, fiefs,* n° 28.

(2) Cheu, canton de Saint-Florentin, arrondissement d'Auxerre, Yonne.

(3) Villers, commune de Raucourt (?), chef-lieu de canton, arrondissement de Sedan, Ardennes.

(4) Mellers, localité à déterminer.

(5) Vieux-Champ, *idem.*

(6) Salmagne, canton de Ligny, Meuse.

(7) Revigny, chef-lieu de canton, arrondissement de Bar-le-Duc, Meuse.

(8) Canton de Revigny, Meuse.

(9) Gendre du baron d'Autry, v. plus haut.

(10) Fils aîné du baron d'Autry, v. plus haut.

(11) Dufourny, II, 193 : lay. *Bar, fiefs et dén.,* n° 61, etc.

évidemment expliquer la présence des armoiries de leurs
familles dans l'écusson de ce dernier.

Déjà nous connaissons Nicolas de Haraucourt, mari de l'une
des sœurs de Jean Vincent d'Autry. Il reste donc à chercher
quels étaient François d'Anglure et René de Stainville, et comment ils se trouvaient beaux-frères de notre héros.

La réponse à cette dernière question est facile : puisque ces
deux seigneurs ne figurent point dans la généalogie de la
famille Vincent, ils devaient être beaux-frères, non précisément du baron d'Autry, mais de sa femme, qui était alors
Claude Merlin. En effet, dom Pelletier nomme, comme sœurs
de celle-ci : « Antoinette, épouse de René de Stainville, seigneur de Sorcy, » et « Louise, alliée à François d'Anglure,
seigneur de Guyonvelle, etc. (1). »

Il n'existe pas, que nous sachions, de bonne généalogie de la
maison de Stainville; mais le nom et l'alliance de René se
retrouvent dans l'*Histoire de Sorcy-sur-Meuse*, ouvrage, d'ailleurs fort médiocre, de M. Dumont (2). René était fils de François de Stainville et de Bernardine de Frontenay (3). Quant à
François d'Anglure, le *Dictionnaire* de Moréri, qui donne un
important article généalogique sur la maison d'Anglure, ne
s'est pas attaché à la branche de Guyonvelle, dont il se borne
à citer l'auteur (4); heureusement, M. A. Bonvallet a eu récemment l'occasion de s'occuper de cette branche et nous le
voyons nommer « François d'Anglure, seigneur de Guyonvelle, capitaine de chevau-légers, époux de Louise Merlin de
Ferouville (5), » parmi les enfants de Philippe d'Anglure-
Guyonvelle, — bailli et gouverneur de Chaumont pour la
Ligue, de 1589 à 1594, — et de sa première femme « Jeanne
de Fouchier de Faverieux (6). »

---

(1) Dom Pelletier, art. *Merlin*, p. 568.

(2) *Ruines de la Meuse*, t. IV, p. 69 (1625).

(3) *Ibidem*, p. 44.

(4) *Dict.* de Moréri, art. *Anglure*, deg. viii.

(5) Serrouville (?), canton d'Audun-le-Roman, arrondissement de Briey,
Meurthe-et-Moselle.

(6) A. Bonvallet, *La tombe de Jeanne de Fouchier, femme de Philippe d'An-*

Ainsi, le baron d'Autry avait composé bien facilement ses *armes pleines*, en y plaçant de nobles écus qui provenaient, non de ses ancêtres, mais du mari de l'une de ses sœurs et de ceux de deux des sœurs de sa femme. Nous avons pu expliquer trois de ses quartiers; il en reste un, celui du Châtelet, sur lequel nous n'avons rien trouvé de précis.

V.

Avant de terminer notre travail, nous avons tenu à savoir au juste ce que contient, sur la famille du baron d'Autry, le *Nobiliaire de Champagne* dressé par Caumartin en 1667. Pour cela nous avons fait appel à l'obligeance de notre confrère M. H. Jadart, et voici ce qu'il a bien voulu nous répondre (1).

« Le procès-verbal d'en-tête porte :

« AUTRY, originaire de Barrois.

« Charles, baron d'Autry, y demeurant. Election de Reims.

  « *De gueules, au sautoir d'or.* »

« Au f° 32, se trouve la « Généalogie des Seigneurs et « Barons d'Aultry en Champagne, originaires de Barrois, pro- « duite au mois de février 1669. »

Voici le Ier article :

« De IEAN-VINCENT DE GENICOURT, Seigneur d'Aultry, de « Doncourt, Condé, Onchery et Grand-Han, Président de

---

glure, seigneur de Guyonvelle, dans le *Bulletin de la Soc. hist. et arch. de Langres,* t. II, p. 322. A l'article de la famille *Le Besgue,* originaire de Champagne, le *Dom Pelletier annoté* (t. I, f. 153, v°) mentionne l'alliance, contractée le 30 mai 1622, de Nicolas le Besgue, seigneur de la Tour de Nonsart, avec « Jeanne d'Anglure, fille de *François d'Anglure, seigneur de Guyonvelle, et de Louise Merlin.* »

(1) Sachant qu'il existe, dans la Bibliothèque de la ville de Verdun, une copie manuscrite de la *Recherche* de Caumartin, nous avions questionné auparavant M. l'abbé Frizon, le zélé conservateur de cet important dépôt. Sa réponse, dont nous le remercions vivement, est très conforme à celle de M. Jadart; toutefois, craignant que la copie ne fût pas complète, nous résolûmes de solliciter l'examen de l'ouvrage imprimé; c'est pourquoi nous donnons ici les seuls renseignements fournis par M. Jadart.

« Barrois, et d'Alix de l'Escamoussier, sa femme, sont descen-
« dus Iean, Baron d'Aultry ; Barbe, mariée à Noël de l'Hos-
« tel (1), seigneur du Iart, et Anne, mariée à Nicolas de Ha-
« raulcourt, Seigneur et Comte (2) dudit Haraulcourt, Bailly
« de Nancy, et Senechal de Lorraine. »

« En regard de cet article, figurent comme preuves plusieurs
actes, lettres de provisions, arrêt du Conseil, etc., dont aucun
n'est antérieur à 1597 et ne provient de la Lorraine. Il s'agit, au
contraire de foi et hommage à Henri IV, de charges à l'Hostel
du Roy comme Maistre des Requestes, commissions en Pro-
vence, etc.

« L'article II concerne IEAN DE GENICOURT D'AULTRY...,
qui épousa en premières noces Claude de Merlin, et en
secondes noces Françoise de Malain de Lux.

« L'article III concerne CHARLES D'AULTRY, Baron dudit
lieu..., qui épousa Louise-Marie d'Anglure de Savigny, baronne de Rosne..., fille du comte d'Estoges...

« La mention du blason porte simplement : « *de gueules au
sautoir d'or.* »

« Dans les preuves de l'art. II, je lis que, la terre d'Autry
fut érigée, en février 1613, en Baronnie, au profit de Jean de
Génicourt, en considération des bons services rendus aux rois
Henri IV et Louis XIII. — Ces lettres patentes furent enregis-
trées au présidial de Vitry et au bailliage de Bar. »

Ces documents s'accordent avec la généalogie donnée par
dom Pelletier, tout en cachant, volontairement sans doute, la
date récente de l'anoblissement et le nom primitif de la famille.
Nous voulûmes aller plus loin encore et consulter notre confrère de Vouziers, M. le docteur H. Vincent, si versé dans la
connaissance des anciennes familles ardennaises.

Avec un empressement dont nous lui sommes particulière-
ment reconnaissant, M. Vincent nous a fourni les curieux rensei-

----

(1) Lire Noël *Lhoste*, ou *L'Hoste*, comme il a été dit ci-dessus, § 2. Peut-
être a-t-on altéré intentionnellement ce nom, afin de faire croire à une alliance
avec la famille *de L'Hostel*, beaucoup plus ancienne et importante.
(2) Le titre de comte n'est pas exact.

gnements qui suivent, puisés dans ses notes et documents, et se référant surtout à la question d'origine ou aux alliances, c'est-à-dire à l'explication des armoiries portées par le baron d'Autry :

« Les notes confidentielles de Caumartin sur le nobiliaire de Champagne (in-12, à très petit nombre, publié par M. Ed. de Barthélemy), disent (p. 22) :

« D'AUTRY. — Le véritable nom est VINCENT, auquel Jean « Vincent, maître des Requêtes, ajouta celui de Génicourt, « comme si celui de Vincent était un nom de baptême. Depuis, « en faisant ériger sa terre en baronnie, il lui a été permis, « en 1613, de prendre le nom d'Aultry au lieu de Génicourt. »

Note de d'Hozier : « Anobli comme auditeur des comptes de Bar, 26 janvier 1556 (1). »

« 1565 (2). Transaction entre les habitants d'Autry et Jean de Rouvroy, fils d'Aleaume de Rouvroi et d'Isabeau de Génicourt (3).

« Jean Ier de Génicourt avait été acquéreur de la terre d'Autry en l'adjudication de cette terre faite en cour de Parlement le 12 décembre 1606. Jean était président du Barrois.

« Lettres de 1613, — vérifiées et registrées au Parlement en 1624, le 5 janvier, et registrées à la chambre des comptes le 27 janvier même année, — érigeant la terre d'Autry en baronnie au profit de Jean de Génicourt (fils de Jean Ier) et autorisant ledit Génicourt à prendre le nom d'Autry comme nom patronymique (surnom) au lieu de celui de Génicourt.

« Jean II prenait le titre de conseiller du roi en ses conseils

(1) Lire 1561. Dom Pelletier dit que l'anobli était « sommelier d'échansonnerie; » v. plus haut.

(2) Au sujet de cet alinéa et des quatre suivants, M. Vincent dit que tous ces titres, dont il a copie, existent aux « Archives nationales, section domaniale, P. 227 et suiv. »

(3) Cette dame était peut-être l'héritière d'une ancienne famille seigneuriale de Génicourt. Par suite de l'acquisition de ce lieu, sans doute par achat, la famille Vincent n'en aurait-elle pas repris les armes ainsi que le nom? Un armorial manuscrit indique, paraît-il, une maison de Génicourt qui aurait porté : *de sable, à une tiercefeuille d'or;* mais il a pu exister plusieurs familles de ce nom, de même que, dans le département de la Meuse, deux villages sont ainsi appelés. Nos notes, au mot *Génicourt,* ne sont pas suffisantes pour dresser une généalogie.

et avait été commissaire de Henri IV pour la pacification de
l'Auvergne, des villes d'Aix et de Marseille.

« Jean II avait pour sœurs mesdames de Haraucour (1) et
du Jar (2).

« En 1698, le 20 novembre, Charles d'Autry vendit la baronnie à M. Goujon de Thuisy, de Reims, en faveur du fils
duquel la baronnie fut érigée en comté. » Ce comté « fut re-
vendu (ou plutôt échangé contre d'autres terres) par la famille
de Thuisy aux Barbin de Broyes, le 21 août 1735.

« Charles d'Aultry qui figure au procès-verbal de Caumartin et fut maintenu en sa noblesse, avait épousé Louise-Marie
d'Anglure de Savigny, baronne de Rosne, dame de Cernay en
Dormois pour partie, fille de Saladin d'Anglure du Bellay. »

Cette très utile communication confirme pleinement tout ce
que nous avions dit plus haut de la famille Vincent d'Autry,
notamment de son origine. Pourtant les documents cités ne
donnent point la raison des armoiries nouvelles, *de gueules, au
sautoir d'or*, ni celle de l'introduction des armes de la maison
du Châtelet dans l'écusson du baron d'Autry.

On voit que le résultat de nos recherches n'est pas aussi
complet que nous l'eussions désiré; cependant il nous a paru
intéressant de montrer, par cette imposante plaque de reliure,
un curieux exemple de la transformation d'une famille passée
de Lorraine dans une province voisine, et des « innocentes
supercheries » employées à établir les preuves d'une illustra-
tion absente. D'ailleurs Jean Vincent, anobli par le duc Charles III, mourut sans doute trop tôt (1608 ou 1609) pour voir
son fils changer de nom et d'armoiries, se targuer de la qualité
de chevalier, affecter des relations de parenté avec quatre maisons des plus anciennes et des plus considérables, puis recevoir
enfin la consécration de toutes ses prétentions dans la création
de la baronnie d'Autry et dans la collation d'un ordre royal
alors encore très estimé.

---

(1) Anne, mariée à Nicolas de Haraucourt; v. § 2.
(2) Barbe, mariée à Noël Lhoste, seigneur du Jard; v. § 2.

———

Extrait des *Mémoires de la Société des Lettres, Sciences et Arts de Bar-le-Duc*
2ᵉ série, tome IX.

———

BAR-LE-DUC, IMPRIMERIE CONTANT-LAGUERRE.